LUCA PARENTE

PASSOS PEQUENOS, SONHOS GRANDES

EDUCAÇÃO FINANCEIRA PARA JOVENS

Diretora
Rosely Boschini
Gerente Editorial Sênior
Rosângela de Araujo Pinheiro Barbosa
Editora Júnior
Natália Domene Alcaide
Assistente Editorial
Mariá Moritz Tomazoni
Produção Gráfica
Fábio Esteves
Colaboração de Texto
Fabiana Peres
Preparação
Wélida Muniz
Capa
Vanessa Lima
Projeto Gráfico e Diagramação
Gisele Baptista de Oliveira
Revisão
Vivian Souza
Ana Paula Rezende
Impressão
Rettec

CARO(A) LEITOR(A),

Queremos saber sua opinião sobre nossos livros. Após a leitura, siga-nos no **linkedin.com/company/editora-gente**, no TikTok **@EditoraGente** e no Instagram **@editoragente** e visite-nos no site **www.editoragente.com.br**. Cadastre-se e contribua com sugestões, críticas ou elogios.

Rua Natingui, 379 – Vila Madalena
São Paulo, SP – CEP 05443-000
Telefone: (11) 3670-2500
Site: www.editoragente.com.br
E-mail: gente@editoragente.com.br

Dados Internacionais de Catalogação na Publicação (CIP)
Angélica Ilacqua CRB-8/7057

Parente, Luca
Passos pequenos, sonhos grandes : educação financeira para jovens / Luca Parente. - São Paulo : Editora Gente, 2024.
96 p.

ISBN 978-65-5544-416-2

1. Educação financeira I. Título

23-5602 CDD 332.024

Índices para catálogo sistemático:
1. Educação financeira

NOTA DA PUBLISHER

Sonhos grandes constroem o futuro. E todos os jovens têm sonhos grandes, mas muitas vezes não têm as ferramentas ou o apoio para buscá-los. É um grande desafio preparar os jovens para o futuro. Por isso, fiquei logo encantada quando conheci o Luca Parente, esse menino prodígio que decidiu correr atrás dos seus sonhos grandes.

Ainda tão jovem, percebeu que alguns assuntos muito importantes não eram tratados na escola e tomou a frente para preencher essa lacuna. Luca é um exemplo inspirador de como a educação pode ir além das paredes da sala de aula. Desde cedo, ele abraçou o empreendedorismo e as finanças, transformando seus sonhos em ações e demonstrando que a idade não é uma barreira para o sucesso nos negócios.

Em *Passos pequenos, sonhos grandes*, Luca compartilha sua jornada única e mostra que qualquer jovem pode começar a trilhar o caminho do empreendedorismo e aprender a administrar suas finanças desde cedo. Não perca tempo, comece agora mesmo a sua própria jornada também. Boa leitura!

ROSELY BOSCHINI
CEO e Publisher da Editora Gente

QUERO DEDICAR ESTE
LIVRO À MINHA GERAÇÃO!
ATRAVÉS DESTAS PALAVRAS,
DO QUE EU TRAGO NESTE LIVRO,
QUERO INSPIRAR TODOS VOCÊS.
UMA GERAÇÃO QUE PODE TER
COMEÇADO ERRADO, MAS VAI
TERMINAR CERTO! EU ACREDITO QUE
VAMOS SURPREENDER O MUNDO,
TAMANHO SERÁ O NOSSO SUCESSO.

AGRADECI

MENTOS

Primeiramente quero agradecer a Deus, que me criou, cuidou e me ama como filho. Se não fosse por Ele, eu não estaria aqui e não seria a pessoa que sou. Quando Deus entra na vida de uma pessoa, tudo muda, e comigo não foi diferente.

Quero agradecer aos meus mentores, todos que passaram pela minha vida, que me ensinaram, me ajudaram e também me corrigiram de alguma forma. Se fosse citar o nome de todos, poderia me esquecer momentaneamente de alguém.

Minha gratidão mais que especial pelas vidas do meu pai e da minha mãe, meus maiores mentores, que me deram a vida, cuidaram de mim, me passaram seus valores e princípios e formaram meu caráter. Eu com certeza não seria quem sou hoje não fosse pela criação, pela educação artesanal e exclusiva e por todo amor e carinho que me deram.

Meus pais investiram seu tempo em mim, me apoiaram nessa jornada, vibraram comigo a cada novo seguidor, se alegraram a cada nova palestra, confiaram em mim e estiveram comigo nos altos e baixos, nas perdas e nos ganhos. A eles, minha maior gratidão.

SUMÁRIO

PREFÁCIO

DE JANGUIÊ DINIZ

Gosto muito de acompanhar o surgimento de novos talentos, principalmente no empreendedorismo, ramo em que tenho atuado há algumas décadas.

Ver o brilho nos olhos, a vontade de crescer e de fazer dar certo, a mente fervilhando de ideias... tudo isso me deixa muito alegre e consciente de que novas e boas gerações de empreendedores estão se formando e que conquistarão grandes feitos para a própria vida e para a sociedade como um todo.

O Luca Parente é um desses prodígios.

Conheci o Luquinha, como carinhosamente gosto de chamá-lo, em um dos eventos em que eu estava palestrando, e ele, participando. Muito me surpreendi com aquele garoto que mal havia chegado aos 10 anos e já se interessava por empreender e entender de negócios e finanças.

Logo vi que ele, assim como eu, era um grande obstinado, uma pessoa que via o futuro de modo diferente e agia no presente para construir seu destino. Acho que, de certa forma, eu me vi no Luca.

Desde então, temos nos encontrado em eventos e, a cada conversa, ele demonstra mais conhecimento e sabedoria, força de vontade, foco, determinação e ideias incríveis, sempre com aquele sorriso sincero de criança no rosto.

Qual não foi minha surpresa e alegria ao saber que o Luquinha lançaria um livro e, ainda mais, que queria que eu escrevesse o prefácio!

Me senti muito honrado.

Participar da construção desse sonho me deixa muito feliz.

O tema da obra também me chamou atenção: o *que a escola não ensina*. Ora, empreendo no ramo educacional há mais de trinta anos e venho defendendo ferrenhamente que o modelo educacional brasileiro é ultrapassado.

Embora o nosso sistema de ensino, na teoria, seja robusto, ainda está aquém das necessidades do mundo moderno. As matrizes curriculares permanecem estagnadas, sem consonância com a realidade mutável, o que faz com que alguns temas emergentes deixem de ser tratados na Educação Básica, como o empreendedorismo, por exemplo.

Ensinar crianças e adolescentes a empreender não é apenas falar de como abrir empresas, mas despertar neles características, habilidades e atitudes inerentes ao comportamento empreendedor, seja nos negócios, seja, principalmente, na vida. É prepará-los para o futuro, e para que esse futuro seja de grande sucesso e prosperidade.

O problema é que o pensamento empreendedor ainda falta ao brasileiro. Falta ter consciência de suas habilidades e das que precisam ser melhoradas; falta ser determinado, ousado, obstinado; falta pensar de maneira criativa e inovadora – todas essas são características do bom empreendedor; elas não dependem de uma atividade de trabalho, mas podem e devem ser empregadas no dia a dia.

Acredito que o Luca trazer o que a escola não ensina é algo muito positivo.

Neste livro, com uma linguagem muito própria, ele aborda tópicos importantes que aprendeu nesses anos de envolvimento com o mundo do empreendedorismo, dos negócios e dos investimentos. Tudo de maneira descomplicada, quase como em uma conversa com o leitor.

É curioso perceber como ele despertou esse interesse por temas tão "de adulto" de modo precoce – ainda durante a pandemia da covid-19 – e vem se especializando cada vez mais.

A publicação também é um incentivo para que a educação empreendedora e financeira seja levada com mais força às escolas, particulares e públicas, para que mais e mais Lucas surjam pelo Brasil.

É importante citar que todas essas mudanças de vida começam por um único lugar: a mente. Afinal, o primeiro passo que alguém precisa dar para alcançar qualquer objetivo é desejar verdadeiramente aquilo, ou seja, que a mente perceba aquela vontade como sendo um objetivo. Daí, é necessário revestir-se de uma programação mental que permita alcançar o sucesso, a tal mente milionária – e quando falo em "milionária", não me refiro apenas a dinheiro, mas à prosperidade, ao sucesso e à realização.

Foi esse tipo de mentalidade que me ajudou a sair de uma realidade de extrema pobreza, tendo nascido em uma cidadezinha no interior da Paraíba, a minha querida Santana dos Garrotes, para alcançar grandes coisas na vida. Pode parecer algo distante para muitos, mas a verdade é que qualquer um pode desenvolver uma mente poderosa, basta dispor de tempo, dedicação, esforço e muito trabalho.

Com a educação empreendedora sendo disseminada nas escolas, construiremos um futuro melhor para todo o país, com cidadãos mais conscientes e determinados a fazer tudo dar certo. Ela será de grande importância na formação de homens e mulheres de negócios das próximas décadas, profissionais de destaque e mesmo pessoas melhores. Afinal, empreender começa na vida pessoal, pelo CPF, com atitudes positivas que podem ser levadas para o âmbito profissional, no CNPJ.

Empreender é, em suma, um estilo de vida que só tem a oferecer grandes recompensas a quem o adota. Ao mesmo tempo, incentivar uma mudança de mentalidade direcionada para o desenvolvimento é essencial para que mente e corpo atuem em sintonia nessa jornada.

Que bom que temos pessoas como o Luca, um garoto tão menino, mas que já tem uma mentalidade milionária, a mente de um verdadeiro vencedor. Tenho certeza de que ele será um dos grandes líderes de sua geração.

Se você, leitor, conhecer ou revisitar esta obra dez anos depois de seu lançamento, aposto que será por ter ouvido falar muito sobre esse talento infantil. Aproveite para conhecer o que a escola não ensina e tire desta obra valiosas lições para sua vida, sua carreira e seus negócios.

Uma boa leitura!

JANGUIÊ DINIZ
PRESIDENTE DO CONSELHO DE ADMINISTRAÇÃO DO GRUPO SER EDUCACIONAL
PRESIDENTE DO INSTITUTO ÊXITO DE EMPREENDEDORISMO

APRESENTAÇÃO
DE DAVI BRAGA

***Passos pequenos, sonhos grandes* é uma obra funda-**mental no cenário da educação financeira para jovens. Luca, um exemplo vibrante de juventude empreendedora compartilha sua jornada e mostra que é possível começar a empreender cedo e prosperar. Eu não somente conheci seu conteúdo inspirador, mas o acompanhei por um ano como seu mentor, observando sua habilidade de conectar ideias e inspirar. Este livro é um reflexo de sua determinação e compromisso, fornecendo uma visão cativante sobre o crescimento com propósito.

No primeiro capítulo, "Criança também investe", Luca desafia a noção de que finanças são só para adultos, incentivando os jovens a se envolverem neste mundo desde cedo. Esse capítulo me trouxe muitas lembranças dos desafios e dos conceitos equivocados que muitos têm em relação ao empreendedorismo e à vida na adolescência, dos meus próprios enfrentamentos. "O que você vai ser quando crescer?" reflete sobre sonhar e planejar o futuro na infância. "Conhecimento: A chave da riqueza" destaca a importância do aprendizado contínuo para a prosperidade financeira. Luca nos guia pelos “Passos” essenciais, abordando desde “Mindset” até “Organização financeira”; como “Criar objetivos” e “Empreender” e a importância do “Investimento”. Todos os assuntos estão intimamente conectados com conceitos e práticas aplicáveis ao estilo de vida de qualquer empreendedor.

Este livro não é apenas uma leitura; é um convite à ação. Luca nos inspira a desafiar as convenções e buscar um futuro financeiramente seguro e independente. Seu relato é um lembrete de que conhecimento e determinação podem transformar sonhos em realidade desde cedo. Esta obra serve como um guia prático e uma fonte de inspiração para aqueles que desejam explorar o mundo dos negócios e das finanças, equipando os jovens com as ferramentas necessárias para trilhar o próprio caminho com confiança e sucesso; uma jornada que começa com grandes sonhos seguidos de pequenos passos constantes.

DAVI BRAGA

CEO, BOARD ADVISOR E HEADHUNTER DA PRIME TALENT EXECUTIVE SEARCH

01

CRIANÇA TAMBÉM INVESTE

Depois de quase dois anos longe da sala de aula por conta da pandemia de covid-19, chegava o dia de voltar para a escola. Sentia falta dos professores, dos funcionários de lá, mas, na verdade, eu queria mesmo era encontrar com a galerinha.

Retornar às aulas presenciais, depois de ter ficado estudando em casa, on-line, era uma coisa que eu queria muito, mas sabia que nada seria como antes.

"Criança tem que brincar, estudar, então se formar, arrumar emprego e trabalhar...". É o que a gente mais ouve na escola. Parece que a educação se resume a isso para muitos professores. Não importa a escola, seja pública ou privada, porque essa mentalidade não tem nada a ver com dinheiro ou com qualidade da educação, ela faz parte de uma construção que veio muito antes de nós e que ninguém, ou quase ninguém, resolveu questionar.

Vai me dizer que você nunca ouviu isso?

Aliás, quando você lê "criança", saiba que falo dos filhos de todas as idades, porque, para nossos pais, somos sempre crianças.

Então, se criança tem que brincar e estudar, e adultos precisam trabalhar, ganhar dinheiro, quer dizer que um adulto não pode ter lazer, não pode viajar, se divertir? Todo mundo sabe que não é bem assim!

Adultos precisam de muitas coisas além do trabalho, precisam brincar e se divertir, assim como uma criança pode brincar, estudar, e também ganhar dinheiro e investir. **Mas isso a escola não ensina!**

A ESCOLA É IMPORTANTE

Eu sempre gostei da escola: do ambiente, das pessoas e, como sou curioso, também de todos os conhecimentos que aprendo ali. Mas, em casa, meu pai, que é empresário, abriu meus olhos para outros assuntos: finanças, dinheiro e mentalidade empreendedora. Por isso, um dia me dei conta de que esses conteúdos também são essenciais, principalmente para o futuro, quando vamos começar a trabalhar e precisaremos saber administrar nosso dinheiro. Então, por que não se fala sobre essas coisas nas salas de aula?

Hoje em dia, até vemos algumas escolas por aí que tentam incluir um pouco desses assuntos no currículo, mas são pouquíssimas, e é muito provável que na sua escola nem falem sobre isso. O problema é que se não aprendermos a administrar nossas finanças, quando crescermos, começarmos a trabalhar e ganharmos o nosso dinheiro, ao nos depararmos com as responsabilidades de adulto e as contas para pagar, vamos ter muitas dificuldades para nos organizar.

E não só quando formos adultos! Percebi que isso já acontecia comigo, e acontece com a maioria das crianças na escola, e sem que ninguém perceba. Duvida? Vou contar o que acontecia comigo, e é muito provável que você perceba que faz a mesma coisa.

Eu ganhava uma mesada do meu pai, levava para a escola, gastava tudo na cantina, ou com qualquer outra coisa que eu queria comprar, e, antes do fim do mês, estava sem dinheiro de novo, esperando pelo que meus pais queriam ou poderiam me dar. Eu me lembro de quantas vezes precisei pedir mais dinheiro, e nem sempre eles me deram. Esse não era o combinado. E, na minha casa, eu e meus irmãos já sabemos: tudo o que meus pais combinam ou prometem, eles cumprem, e as regras para tudo o que é combinado são seguidas por todos da mesma forma.

Comecei a observar que o que acontecia com os adultos que não conseguiam se organizar com o dinheiro era só uma repetição do que acontecia com as crianças nas escolas, inclusive comigo, e era o que eu estava vivendo com relação à minha mesada. Era como se eu corresse sem chegar a lugar algum. Decidi chamar esse ciclo vicioso de **Corrida dos Estudantes**.

Foi aí que comecei a olhar para a minha mesada com outros olhos. Percebi que, em vez de comprar coxinha todos os dias na escola, poderia juntar esse dinheiro para, quem sabe, comprar um jogo de videogame bem legal, por exemplo. Mas fiz as contas e percebi que demoraria muito tempo para conseguir. Será que existia uma forma de fazer o meu dinheiro crescer mais rápido?

Descobri que para isso acontecer a quantia precisava se transformar em capital, e com esse propósito eu precisava pegar o que eu ganhava na mesada e investir ou empreender, com a intenção de multiplicar, porque o dinheiro só é um capital quando ele se torna uma máquina de fazer mais dinheiro.

Você percebeu que nem todo dinheiro é um capital?

Imagine que você ganha 300 reais de mesada, mas você decide gastar apenas 100 reais e os outros 200 reais você investe. Ao longo de dez meses, você terá um capital de 2 mil reais investidos.

Agora imagine que você consiga investir 2 mil reais em uma aplicação que renda 1% de juros ao mês; no mesmo período, você terá recebido 200 reais a mais do que o valor que tinha.

Dessa forma, a sua mesada se multiplica, e, assim, com o passar do tempo, você poderá ficar independente, pois terá sua própria renda. E se continuar recebendo mesada dos seus pais, será ainda melhor, porque vai poder duplicar os seus ganhos.

Não é incrível?

Foi o que me motivou a pesquisar, a tentar entender esses assuntos, a buscar conhecimento, pois só o conhecimento pode modificar o mundo e transformar sonhos em realidade.

Ninguém nasce inteligente, mas todo mundo é capaz de aprender, basta querer. Por isso, fui buscar mais informação, e tudo o que eu aprendia era tão interessante e importante que decidi compartilhar. Primeiro, através das redes sociais, depois com palestras e agora com este livro. **O conhecimento é algo tão incrível que ao ser dividido é multiplicado.** Já pensou nisso?

O PROBLEMA DO "EU JÁ SEI"

Se você já pensou isso, toma cuidado! A frase parece inocente, mas não é.

SÓ O CONHECIMENTO PODE MODIFICAR O MUNDO E TRANSFORMAR SONHOS EM REALIDADE.

@LUCAPARENTELP

Essas três palavrinhas são muito perigosas, porque, quando você fala "eu já sei", se fecha para novos conhecimentos, se afasta de ideias que podiam chegar através de outra pessoa e pode atrasar seu aprendizado.

Acha que estou exagerando? Vou explicar melhor como funciona.

Galera, olha só... Se eu tiver uma ideia de um negócio e me encontrar com um amigo que tem outra ideia de negócio, o que acontece se nós dois contarmos nossas ideias um para o outro? Cada um sai desse encontro com duas ideias! E mais, juntando as duas, pode surgir uma terceira ideia, e assim por diante.

Quando a gente acha que já sabe tudo, que não tem mais o que aprender, não ouve as pessoas que estão à nossa volta. Essas pessoas, às vezes, já passaram por problemas que ainda não saberíamos resolver e encontraram soluções para eles. Quando aprendemos com os erros dos outros, diminuímos as chances de que aconteça o mesmo com a gente. Não é melhor?

Quantas coisas tivemos que reaprender durante a pandemia, coisas que já sabíamos? Aumentou o convívio dentro de casa, diminuiu o convívio com os colegas, as aulas passaram a ser on-line. Quanta coisa mudou nesse período! Foi muito difícil. Mas aprendi muito com todas as mudanças. E também aprendi muito com meus pais em todo o tempo extra que ganhamos juntos – especialmente com meu pai, que é um grande empreendedor.

Foi muito legal ver e ouvir meu pai trabalhando, prestar atenção no seu comportamento, ouvir o modo como conversava com seus amigos e fazia negócios... foi legal aprender a sua visão sobre o empreendedorismo. Foi assim que entendi que eu queria aquilo. Ainda não compreendia direito o que ele fazia, mas sabia que queria fazer a mesma coisa, que queria ser como ele.

É muito importante que você se aproxime dos seus pais, que saiba do que eles gostam de fazer, quais são os talentos deles, pois é provável que você herde algumas dessas habilidades. Por meio dos meus amigos, escuto histórias de muitos pais que não gostam dessa proximidade, dizem que os filhos "atrapalham" o trabalho... se for o que acontece contigo, mostre a eles que você não está ali para atrapalhar, e sim para aprender. Vai perceber que eles não vão se opor, e você vai aprender muito.

Reuni muitos conhecimentos no período em que estive longe da escola, até que chegou o dia de voltar. E apesar de aproveitar o reencontro com os colegas, percebi que tudo o que o meu pai tinha me ensinado me distanciou deles. Eu queria falar desses assuntos, mas ninguém partilhava desse meu novo interesse. Daí nasceu a minha vontade de começar a contar para todos eles aquilo que eu aprendi e que a escola não ensina!

E digo mais! Estamos na melhor fase da vida para absorver esses assuntos, porque ainda podemos contar com o apoio dos nossos pais, moramos na casa deles, tudo é mais fácil! Temos menos responsabilidades e, por isso, podemos nos arriscar e, se não der certo, aprendemos com o erro e seguimos em frente. Decidir mudar enquanto somos crianças, adolescentes ou jovens é poder errar com mais segurança, sabendo que sempre teremos alguém para nos ajudar a consertar e explicar como podemos fazer diferente – até porque nunca vi ninguém acertar sem errar antes.

O meu pai costuma dizer que os erros são os melhores professores de um empreendedor, porque é exatamente nos erros que são encontradas as melhores respostas, as melhores soluções.

Está enganado quem pensa que precisa ser bom para começar alguma coisa. Na verdade, para ficar bom em alguma coisa é preciso começar!

O que isso quer dizer? Ninguém começa a jogar *beach tennis* sendo já campeão, a pessoa se torna campeã depois de tanto jogar, depois de treinar todos os dias. Eu mesmo, quando comecei a gravar vídeos, passava tardes inteiras treinando, gravando, apagando, recomeçando. Não dava certo, eu errava muito, descartava, fazia de novo, até ficar bom. Hoje em dia, gravo um vídeo com facilidade, não preciso me esforçar tanto, porque já treinei bastante e fiquei bom nisso. De tanto errar, acabei aprendendo.

E você pode estar pensando que não gosta de errar, provavelmente alguém um dia falou para você que errar não é bom, às vezes temos até vergonha de dizer quando erramos. Mas aprenda de uma vez por todas: quanto mais a gente erra, melhor a gente fica! É treinando que se aprende!

Por isso digo que é melhor começar a errar logo. O melhor dia para começar seu projeto é hoje mesmo, não importa a sua idade. Para dizer a verdade, quanto mais jovem melhor!

O que você está esperando?

02

O QUE VOCÊ VAI SER QUANDO CRESCER?

Com certeza seus pais, os amigos dos seus pais, seus colegas de turma, seus professores, enfim, um monte de gente pergunta: o que você vai ser quando crescer? Talvez até mesmo já ouviu essa pergunta tantas vezes que nem consegue contar.

Isso acontece porque a maior parte das pessoas acredita que a criança só terá uma identidade quando crescer, concluir os estudos e escolher uma profissão. Mas eu gosto de pensar que nós temos o direito de construir nossa vida independentemente da profissão que vamos escolher no futuro.

Digo isso porque muitas crianças, assim como eu, têm sonhos de se tornar empresários, artistas, atores, jogadores de futebol, cientistas, engenheiros, mecânicos, motoristas... qualquer que seja a profissão será uma ótima escolha, desde que essa escolha seja delas, e não o que alguém decidiu por elas.

Por causa daquilo que muito se diz, que papel de criança é apenas ir pra escola, muitos de nós acreditam que é melhor esperar ter 18 anos para decidir com o que trabalhar. E de repente os 18 chegam, e a pessoa não tem ideia de que caminho seguir, por isso decide esperar até o fim da faculdade. Aí o tempo passa, e só então esses jovens adultos vão começar a se preocupar em ganhar dinheiro – e muitas vezes não sabem se organizar com o que ganham, e, assim, não conseguem economizar e passam o resto da vida esperando o salário cair para pagar as contas do mês, como eu fazia com a minha mesada. A diferença é que agora a responsabilidade é bem maior do que gastar com lanches na cantina ou economizar para comprar uma bicicleta.

A vida adulta traz muitas responsabilidades e contas para pagar, por isso o medo de arriscar e de errar, e os riscos que isso pode trazer, vai aos poucos impedindo as pessoas de sonharem alto.

Lembra que eu falei sobre aprender com os erros? Nessa linha, começar cedo é muito bom, porque podemos errar mais pelo simples fato de que estamos sob a proteção e cuidados dos nossos pais. E não me refiro apenas ao cuidado financeiro, mas também ao emocional, porque se tudo der errado podemos ficar tristes, vai ter alguém para nos colocar para cima de novo; e se tudo der certo, teremos alguém para comemorar com a gente cada vitória. Os erros são os maiores e melhores professores, e são exatamente eles que nos ensinam mais.

Você não precisa se sentir envergonhado por errar, por não tirar a melhor nota, por dar a resposta errada ao professor – muitas pessoas se sentem assim: por medo de passar vergonha nem tentam e, por isso, não aprendem. Eu já passei por isso, e não gostava de me sentir assim, mas quando entendi que é errando que se aprende, tudo mudou para mim. Compreendi que não precisa ser bom para começar alguma coisa, mas é preciso começar para ficar bom algum dia. E decidi fazer isso com as finanças.

O que importa é começar e ir melhorando ao longo do caminho. O tempo de treino é o que define a vitória em qualquer jogo, ou, ainda, como diz Bernardinho, ex-jogador de vôlei, treinador multicampeão, economista e empreendedor: “o vencedor é apenas o perdedor que tentou mais uma vez”.[1] Ou seja, basta continuar tentando.

Como já contei, quando comecei a gravar vídeos para as redes sociais, demorava a tarde toda para fazer apenas um vídeo com menos de dois minutos. Eu não era bom, e poderia ter desistido, mas decidi tentar mais uma vez, e depois tentei de novo, e de novo, até chegar ao ponto de gravar meus vídeos com muita facilidade, quase de maneira automática.

Praticar todo dia faz a gente se tornar melhor um pouquinho a cada dia, e assim nos sentimos mais seguros. Hoje, quando abro a câmera do meu celular, na maioria das vezes nem preciso pensar muito no que vou falar, porque conto as coisas que estou vivenciando no meu dia a dia.

Em tudo o que eu resolvi fazer, fui melhorando aos poucos, com treino. No começo, errava bastante, mas fui aprendendo, me aperfeiçoando, e errando cada vez menos.

Hoje, melhor que ontem;
Amanhã, melhor que hoje;
Todos os dias, 1% melhor!

Comecei com apenas 10 anos, e apesar de muitas pessoas me dizerem que era muito cedo, que eu não precisava pensar nisso porque meus pais tinham dinheiro,

---

1 EM PALESTRA, Bernardinho traz 15 lições para desenvolvimento no esporte e na vida. **Terra Esportes**, 29 set. 2021. Disponível em: https://www.terra.com.br/esportes/em-palestra-bernardinho-traz-15-licoes-para-desenvolvimento-no-esporte-e-na-vida,afbf66eb29629c1969dbddf3fe0b7388h8xaba8u.html. Acesso em: 20 set. 2023.

eu queria muito aprender a empreender, a investir, a ganhar dinheiro.

Meus pais tinham dinheiro, é verdade, mas eu não tinha!

Eu queria aprender, mas ainda não fazia ideia de como começar. Só que eu tinha um grande exemplo: o meu pai, e decidi que o primeiro passo seria observá-lo. Eu ficava de olho em tudo que ele fazia, mas se você não tem uma família de empreendedores, não se preocupe, eu estou aqui para te ajudar. Com essa vida corrida que as pessoas levam hoje, os pais ficam cada dia mais longe dos filhos. Eles trabalham demais e, quando voltam para casa, estão exaustos e não têm muito tempo para dar atenção aos filhos. Vê alguma semelhança com o que acontece com você?

Essa é a realidade da maioria das famílias hoje em dia, e não estou dizendo que seus pais estão errados, porque com certeza os pais sempre fazem o melhor para os filhos, querem nos dar o melhor. Por isso, devemos fazer a nossa parte também. Cada um de nós pode procurar na internet conteúdos que podem nos ensinar algo de valor em vez de ficar esperando que nossos pais façam tudo por nós.

Talvez você esteja lendo essas palavras e pensando que nunca teve apoio dos seus pais para apostar nas suas ideias, que ninguém na escola te ensinou, que ninguém da família te ajudou, e por isso você não vai atrás de nada. Mas eu tenho uma pergunta para te fazer: ficar colocando a culpa nos outros vai te levar a algum lugar? Acho que não!

Então em vez de procurar culpados, vou te ensinar a procurar soluções. Você está pronto?

03

CONHECI-MENTO: A CHAVE DA RIQUEZA

Meus pais contam que eu sempre fui um garoto feliz. Na creche, as brincadeiras de que eu mais gostava eram esconde-esconde, pega-pega, guerra de areia... ali eu curtia demais.

Em casa, minha infância também sempre foi muito divertida, e tenho alguns vídeos em que eu era mais novinho, tinha uns 4 anos, que comprovam que eu já gostava dos números e brincava de fazer contas com as centenas; não era 1 + 1 = 2, mas 200 + 200 = 400 ou mais. Eu gostava de finanças, afirmando que preferia dólar ao real, ou brincava de tirar xerox do dinheiro só para ver como ficava. Desde cedo, recebi incentivo para esses meus gostos e, mesmo que ainda não entendesse muito bem, eu estava dando os primeiros passos nessa minha jornada.

Aonde eu quero chegar te contando essa história? Quero mostrar por que comecei tão cedo... e foi porque eu gostava, porque tinha interesse, porque recebi incentivo e aí busquei aprender. Sei que nem todo mundo teve a mesma oportunidade que eu e, por isso, resolvi juntar tudo o que aprendi e trazer aqui para vocês!

Sem dúvida, todos somos muito influenciados pelos nossos pais, às vezes de forma intencional e às vezes sem querer, podendo essa influência ser positiva ou negativa também. Isso acontece porque, quando nós, crianças, começamos a imaginar nosso futuro, enxergamos primeiramente nossos pais como modelos de carreira.

Toda a família, de geração em geração, influencia uns aos outros, porque os pais ocupam um importante papel nesse momento. Se os pais passaram por experiências ruins em determinadas carreiras, certamente vão tentar afastar os filhos delas, para evitar o insucesso; ou então vão exigir que os filhos sejam vencedores nessa área, ainda que não gostem dela, como forma de recompensa pessoal.

Mas não precisamos agir da mesma forma que nossos antepassados, não precisamos repetir os mesmos padrões da nossa família. Agora é sua vez de escolher o que deseja para sua vida, seguir o exemplo família ou desbravar um novo caminho.

O que eu quero é te ajudar a perceber que **a escolha é sua**!

Também é importante dizer uma das razões por que nossos pais e antepassados vêm repetindo um certo padrão de comportamento: foi o que eles aprenderam na escola. O mesmo conceito que vem sendo ensinado desde que as primeiras instituições foram criadas.

No Brasil, a primeira escola foi fundada em Salvador, na Bahia, em 1549,[2] e, de lá para cá, muita coisa mudou, claro, mas o modo de ensinar e o que é ensinado ainda é bem parecido com o que era feito séculos atrás. Se houve poucas mudanças na maneira de ensinar as matérias que todos aprendemos na escola, imagina quando a gente fala do ensino de empreendedorismo e, principalmente, da necessidade de formar profissionais?

---

2 AS PRIMEIRAS escolas no Brasil. **Infopedagógica**, 11 jul. 2022. Disponível em: https://infopedagogica.com.br/as-primeiras-escolas-no-brasil. Acesso em: 21 set. 2023.

E não tem problema nenhum se você escolher um trabalho convencional, desses para que somos preparados enquanto estudamos, mas não é a única opção, e isso a escola não ensina. Somos diferentes, cada um de nós tem um talento, gosta de coisas diferentes e não precisa caber na mesma caixa, como se fôssemos todos iguais.

O mundo passou por revoluções, guerras, pelo *boom* tecnológico, vieram novas gerações, a globalização... e o ensino ainda não acompanhou todas essas mudanças.

Se pudéssemos transportar um médico cirurgião do século XIX para trabalhar hoje em um hospital, ele não saberia como utilizar tanta tecnologia e novidades. Um piloto de avião de vinte anos atrás não saberia o que fazer dentro de uma cabine atual com tantos novos botões. Porém, se um professor que deu aula há mais de cinquenta anos entrasse em uma sala de aula agora, encontraria a mesma fileira de carteiras, a mesma lousa, a mesma metodologia e saberia exatamente o que fazer. Isso não é nada bom!

Infelizmente, a escola ficou parada no tempo. Daí eu me pergunto: será que ela está preparando os alunos para esse mundo em constante transformação em que vivemos hoje?

O professor tem o conhecimento e o deposita no aluno, mas nem todas as escolas dão abertura para o movimento contrário, para um maior protagonismo do estudante. Professores que agem de maneira antiquada acabam perdendo a atenção dos alunos, que encontram mais estímulos na internet ou nos games. Por isso, precisamos usar a internet a nosso favor!

Eu já contei, logo no início deste livro, que depois de passar mais tempo observando meu pai trabalhar, estava determinado a seguir seus passos. Queria aprender sobre o que ele fazia, como fazia, queria entender o que ele falava com seus colegas, queria aprender a fazer dinheiro como ele. Então eu decidi me dedicar a isso, e a internet foi uma excelente ferramenta de pesquisa nesse momento.

Precisamos saber aproveitar todo o potencial que a internet tem a nos oferecer. E não estou dizendo que não podemos usá-la também para diversão, com games, vídeos e amigos, mas que devemos utilizá-la para buscar novos conhecimentos. Temos tanta coisa a aprender, e tudo está ali, disponível, ao alcance das nossas mãos, então por que não aproveitar?

Mas, atenção, é preciso tomar cuidado com as informações falsas, conferir o que estamos ouvindo, verificar a autoridade de quem está falando, ter certeza de que é uma informação confiável antes de perder tempo e sair por aí repetindo coisas erradas.

Quando comecei a pesquisar e ir atrás desse conteúdo aprendi muita coisa, e percebi que ainda tenho muito a aprender. E mais que isso, percebi a mudança acontecer não apenas para mim, mas também para a escola, para onde a levei. E isso aconteceu porque minhas dúvidas e interesses estimularam outros alunos a fazerem o mesmo, e ainda motivaram os professores a trazerem para dentro de sala esses novos assuntos que eram do nosso interesse. Percebe o quanto o conhecimento multiplica?

PRECISAMOS SABER APROVEITAR TODO O POTENCIAL QUE A INTERNET TEM A NOS OFERECER.

@LUCAPARENTELP

E nós, que estamos aprendendo desde cedo a usar nosso tempo e as ferramentas disponíveis a nosso favor, vamos sair na frente.

Eu queria descobrir o que eu poderia fazer para ser como o meu pai, então fui pesquisar. Encontrei cursos na internet, livros de negócios, e foi aí que percebi que eu não estava sozinho, pois encontrei muitas crianças que estavam criando os próprios negócios. Aprendi bastante com a experiências dos outros, fossem crianças ou adultos.

Infelizmente, não é comum ver crianças, adolescentes e jovens empreendendo, pensando em construir o futuro, e isso me deixou ainda mais curioso. Mas continuei firme na minha decisão de empreender. Durante essa jornada, entendi que o conhecimento é o que temos de mais valioso. Quanto mais eu aprendia, mais portas se abriam.

Ele é a primeira chave da riqueza, e está ao alcance de qualquer pessoa. Todo mundo tem o poder de decidir. E ao tomar a decisão de alcançar o sucesso, é preciso ter continuidade. Isso quer dizer que não adianta estudar muito em um dia e no outro dia não estudar nada. E é a mesma coisa com este livro, você só vai ver os resultados na sua vida se praticar todos os dias o que está escrito aqui.

De acordo com o que você quer para a sua vida, a sua jornada pode ser mais longa ou mais curta, mais demorada ou mais rápida, mas de uma coisa eu tenho certeza: se você não desistir, um dia chegará aonde quer. E se você começar essa mudança, sei que todos que estão perto de você vão mudar também. É assim que a gente transforma o nosso ecossistema, ou seja, o ambiente em que estamos.

Você tem o poder de influenciar sua família, seus amigos, seus professores, sua escola, seus vizinhos... seja forte e corajoso! Seja o primeiro a assumir o controle, seja o motorista, escolha o seu destino.

Já ouviu falar do grande campeão de Fórmula 1, o Ayrton Senna? Ele ganhou seu primeiro kart aos 4 anos, começou cedo, e só ganhou a sua primeira corrida oficialmente aos 13 anos.[3] Precisou treinar muito, e não se tornou o maior campeão de todos os tempos de repente, do dia para a noite. Ele ainda é um grande exemplo, mesmo décadas depois da sua morte. Sei que muitos dos que vão ler este livro, assim como eu, nem tinham nascido quando esse ídolo morreu. Ele teve a carreira interrompida, mas deixou sua marca para sempre, tanto que o estou usando como exemplo. Senna foi um grande líder.

Tenho certeza de que você quer ser um grande líder também. Está com este livro nas mãos porque tem sonhos grandes e, para te ajudar a alcançar esses sonhos, criei um passo a passo infalível. Você está pronto?

Desde que comecei minha pesquisa, segui 5 passos que foram determinantes para o meu sucesso. Nos próximos capítulos, vou explicar cada um deles, mas, neste momento, vou apresentar um resumo para você:

---

3 KART. **Senna**. Disponível em: https://senna.com/piloto/kart/. Acesso em: 21 set. 2023.

1. Se eu queria ser como meu pai, precisava pensar como ele. Precisava desenvolver uma **mentalidade empreendedora**.
2. Para saber quais conhecimentos eu teria que adquirir, precisava de **objetivos claros** e um **plano de ação** com tudo o que eu tinha de fazer para alcançá-los.
3. Já dentro do meu objetivo, eu precisava ganhar meu próprio dinheiro e, para isso, **empreender**.
4. Depois que comecei a ganhar meu próprio dinheiro, fui atrás de maneiras de **fazer esse dinheiro se multiplicar mais rápido**.
5. E para não perder todo o dinheiro que ganhei e conseguir planejar o que fazer com ele, precisava de uma maneira de controlá-lo. Por isso, precisei aprender **organização financeira**.

Aprendi tudo isso e me dei tão bem que percebi que poderia ajudar mais pessoas a se darem bem também. Foi quando comecei a criar conteúdo nas redes sociais e até a fazer palestras. Quem poderia imaginar?

Mas vamos deixar o final dessa história para depois. Sei que se está lendo este livro é porque está ansioso para seguir esse caminho; curioso para saber como começar. Então, vem comigo!

04

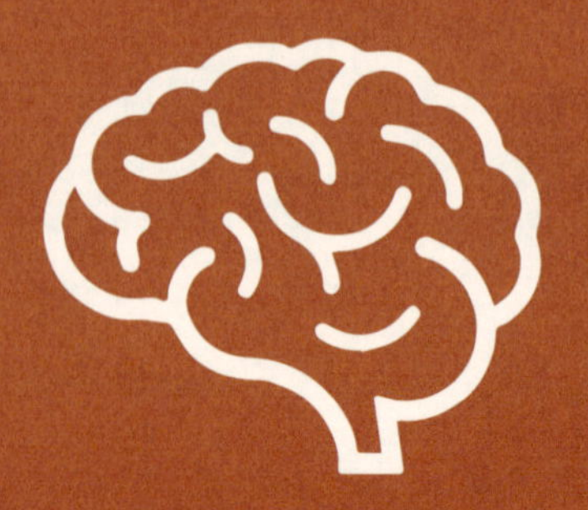

PASSO 1: MINDSET

Mindset. Já ouviu essa palavra antes? É um termo em inglês que significa mentalidade. A ideia aqui é que, para alcançar qualquer coisa, você precisa direcionar a sua mentalidade para isso. Simples, não? Mas esse é um daqueles casos que falar é mais fácil do que fazer. Isso porque muitas vezes é mais confortável deixar tudo como está.

Essa situação confortável se chama zona de conforto. Ou seja, mesmo sabendo que alguma mudança poderia melhorar a sua situação, você escolhe não mudar porque está confortável. Por exemplo, se você sempre tira nota 7,5 na prova sem estudar, sabe que poderia tirar um 10 se estudasse, mas o 7,5 também te aprova, então você prefere não fazer nada.

E se você escolhe viver sempre do jeito mais fácil, porque dá menos trabalho, essa sua mentalidade não vai levar você a lugar nenhum, vai manter você na sua zona de conforto. É isso que você quer?

O que acontece é que, para mudar de lugar, para crescer e para se tornar uma pessoa obstinada, é preciso deixar a zona de conforto, fazer coisas que nunca fez, obrigar o seu cérebro a se adaptar, a buscar uma forma de aprender algo novo. Ao fazer coisas diferentes, você vai ter resultados diferentes, positivos ou negativos, e, com todos eles, vai ganhar conhecimento.

Existem várias formas de sair da zona de conforto, até mesmo nas brincadeiras com seus pais, amigos e família. Em vez de ficar horas e horas em frente à televisão ou no videogame, procure dividir o seu tempo e se divertir com coisas novas e que você nunca fez antes. Brincadeiras e jogos como Banco Imobiliário, War, Uno, Dono da Rua, Esconde-Esconde, Pega-Pega, entre tantos outros, podem ser momentos de muita conexão com sua família e podem ensinar você a correr riscos, a ganhar, a perder, a respeitar o tempo das pessoas e também a conhecer seus próprios limites.

Convide seus pais, seus vizinhos, seus amigos para brincar com você! Através desse pequeno gesto, você estará entrando em movimento, inovando e mudando sua realidade, sua mentalidade, e garanto que até mesmo na escola você vai começar a agir diferente.

Enquanto crianças e jovens, precisamos mudar, preparar nossa mentalidade, aprender com o mundo a nossa volta, para que, quando chegar a nossa vez, a gente tenha todas as ferramentas para assumir o controle da nossa vida e das nossas finanças.

Com relação ao dinheiro, que é o nosso foco com este livro, existem três tipos de mentalidades. Vou te apresentar cada uma delas e depois você me conta qual é a sua?

GASTADOR × POUPADOR × INVESTIDOR

Imagine que em uma sala tem três pessoas: uma delas é gastadora, a outra é poupadora, e a terceira, investidora. Eu entrego 100 reais para cada uma. Um mês depois, retorno e pergunto o que fizeram com o dinheiro.

O gastador foi ao shopping e gastou tudo!

O poupador guardou tudo, então continua com os 100 reais no bolso.

O investidor conseguiu multiplicar o dinheiro. Foi na feira com a mãe, comprou cem garrafinhas de água, pagando 1 real em cada uma delas. Depois, vendeu cada água por 2 reais e, no fim do mês, tinha 200 reais.

E aí, qual deles é você? É provável que você ainda não tivesse pensado nessa terceira possibilidade e, agora, já está pensando em comprar garrafinhas de água. Acertei?

E pode ficar ainda melhor. E se essa terceira pessoa pegar parte do dinheiro que ganhou e fizer isso de novo e de novo? Vai multiplicar muitas vezes esse valor. Esse terceiro foi empreendedor, criou um negócio, foi investidor, multiplicou seu dinheiro. Qual mentalidade você quer ter a partir de agora?

Parece que a maior parte das pessoas vive com a mentalidade do gastador. Quer o resultado imediato, por isso escolhe gastar o dinheiro na hora, comprar o que quer, em vez de aproveitar a oportunidade para fazer alguma coisa com a quantia e colher melhores resultados depois.

O gastador está lá na zona de conforto, percebeu? É aquele que preferiu assistir a um filme em vez de estudar para a prova. É aquele que chupou um monte de balas antes do almoço e depois não aguentou comer comida. Mas essas escolhas não vão levar você para o sucesso!

Por outro lado, o terceiro, que pensou em como ir além, tem a mentalidade de investidor, de crescimento, a **Mentalidade Semente de Ouro**. Quando, em vez de criar problemas, pensa em como solucionar problemas. Faz o que precisa ser feito, quando precisa ser feito, sem que precisem "puxar a sua orelha". Quem tem a Mentalidade Semente de Ouro não está na zona de conforto. Essa pessoa se movimenta em direção ao sucesso porque está sempre disposta a solucionar problemas. **Porque problemas são oportunidades disfarçadas!**

Olhe à sua volta, qual a mentalidade dos seus amigos, dos seus familiares? Talvez o primeiro passo para melhorar o seu ecossistema seja ensinar essa pequena lição para aqueles que estão ao seu redor. Imagine só quantos problemas você ajudará a resolver só espalhando por aí essa primeira lição?

E você ainda pode influenciá-los a entrar nessa jornada com você, porque sem dúvida o nosso ambiente pode nos ajudar. Então, se acha que o seu não está com a mentalidade certa, seja você a dar o primeiro passo em direção a essa mudança!

Ainda não se convenceu de que as pessoas à sua volta são determinantes para o seu sucesso? Então imagina que o seu sonho é ser ciclista, mas você só anda com surfistas. Seus amigos vão achar uma bobagem você querer andar de bicicleta, passar calor, suar, se sujar de terra, quando, no mar, você consegue pegar ondas e se refrescar ao mesmo tempo. E eles vão ficar sempre repetindo isso, até que você perca a motivação e acabe desistindo.

Não estou dizendo que você precisa trocar de amigos, mas, quem sabe, ampliar a sua rede de contatos. Claro, também não estou dizendo que os seus amigos são responsáveis pelo seu sucesso ou pelo seu fracasso.

PROBLEMAS SÃO OPORTUNIDADES DISFARÇADAS!

@LUCAPARENTELP

Aqui entra a responsabilidade. Você vai colher aquilo que plantar. Mas vai ser mais fácil se as pessoas à sua volta também estiverem acreditando e incentivando você, não acha?

Como você já sabe, eu nasci em um lar de empreendedores, ou seja, em um ecossistema de negócios, mas se na sua família não é assim, você pode mudar isso. Comece pelas suas atitudes, pelos filmes a que você assiste, pelas brincadeiras, e, aos poucos, vá mudando o seu ecossistema, que é formado pelas pessoas que estão perto de você, pelos lugares onde você costuma ir e pelo conhecimento que você busca.

O seu ambiente não vai mudar de um dia para o outro, e sim aos poucos. Mas não se esqueça de que para subir uma escada com 50 degraus, é preciso sempre começar pelo primeiro. Não importa se vai subir correndo ou mais devagar, se continuar subindo todos os dias, vai chegar ao topo.

Outro fator importante a se aprender, e que vai fortalecer ainda mais a sua mentalidade, é não se deixar entristecer por causa das circunstâncias. O que conta mais não é aquilo que acontece com você, mas o que você faz com o que acontece com você.

Em um curso, aprendi uma estratégia chamada de método 10 x 90. Ela diz que aquilo que acontece comigo e está fora do meu controle representa apenas 10% dos meus resultados, os outros 90% são decorrentes do que está sob o meu controle, ou seja, o que eu faço com o que acontece comigo.

Por exemplo, imagina que você acordou cedo, se arrumou para ir para a escola, e, enquanto tomava café da manhã, sua mãe derrubou leite em cima de você. Não é muito legal, eu sei, mas nesse momento, há duas escolhas possíveis: desculpar a sua mãe, trocar de roupa, ganhar um carinho dela e ir para a escola; ou brigar com ela, se atrasar porque demorou na discussão e passar o dia sem se concentrar em nada porque está com raiva. Entre uma ou outra opção, a diferença é que você vai para escola tranquilo ou irritado, e é isso que vai fazer diferença no seu dia.

É o que chamam de inteligência emocional. E, depois que entendi o conceito, faço o possível para não prolongar os momentos ruins, os momentos difíceis, porque coisas chatas e complicadas acontecem com todo mundo, e comigo não é diferente.

Se alguém te irrita na escola, isso é apenas os 10% que não estão sob seu controle, os outros 90% vão depender do que você vai fazer dali para frente. **Onde quer colocar sua atenção: na provocação ou nos objetivos?**

Nós somos como um tripé, temos três habilidades que funcionam como pás que devem ser equilibradas. Esse tripé da nossa vida consiste em:

- gosto (aquilo que provavelmente vai nos guiar até a nossa profissão);
- conhecimento (que aprendemos na escola e fora dela);
- inteligência emocional (o segredo que nos mantém em perfeito equilíbrio).

Galera, quero que vocês saibam que todas as pessoas de sucesso têm esse tripé muito bem equilibrado, porque já descobriram que o pior adversário que podem ter são elas mesmas. É isso mesmo! Você é seu maior adversário porque só você pode desistir dos seus sonhos. Muitas coisas podem acontecer, muita coisa pode dar errado, mas só você pode decidir se vai continuar ou se vai desistir.

A inteligência emocional de que falei antes é o que não nos deixa desistir quando tudo está mais difícil, quando todo mundo acha que não vamos conseguir.

Não se torne o seu maior problema, mas encare-os com calma. Não adianta fazer birra, ficar bravo nem reclamar, o que vai resolver é ter foco no futuro, prestar atenção nas soluções e se colocar em movimento. Vamos fazer isso?

05

PASSO 2:
CRIAR OBJETIVOS

Já está com a mentalidade no lugar certo? Chegou a hora de a gente falar um pouquinho sobre as regras do jogo, sobre tudo aquilo que é necessário fazer para conseguirmos o que queremos.

Sabe quando você está doido para chegar logo o domingo, para ir ao shopping curtir aquele rolê com a família, mas de repente se lembra de que não fez as tarefas da semana e sabe que seu pai vai cobrar?

Nas nossas obrigações do dia a dia, enquanto somos crianças, podemos contar sempre com alguém para nos cobrar, e quem sabe até dar uma ajudinha para terminar o que já deveria estar pronto. Mas acontece que esse comportamento precisa mudar o mais rápido possível se quisermos construir uma vida extraordinária.

Sem dúvida, para chegar lá, antes é preciso saber exatamente onde se quer chegar! E se sabe exatamente aonde quer chegar, precisa saber e fazer todo o necessário para que isso aconteça. O objetivo precisa sempre estar claro na nossa mente, pois é ele que nos coloca em movimento. Não dá para esperar alguém dizer o que é preciso fazer, porque, na vida real, quando o lance é de verdade, não funciona assim. A gente precisa ser o protagonista, tomar uma atitude e fazer o que precisa ser feito, pegar o volante e dirigir a própria vida, mesmo que ainda precisemos da supervisão dos pais.

E esse objetivo pode ser qualquer coisa: economizar para comprar um videogame, ser dançarino, um astro do rock, médico, escrever um livro, ou o que quer que seja. O meu você já sabe, é me tornar um grande empreendedor, como o meu pai.

Uma maneira bem legal de conseguir visualizar todos os seus objetivos é construindo um **mural extraordinário**! Um mural onde você colocará imagens daquilo que pretende conseguir na sua vida. Por exemplo, uma foto do lugar para onde gostaria de viajar, do tênis que gostaria de comprar, da faculdade em que gostaria de estudar. E pode preenchê-lo também com sentimentos, por exemplo: se você quer ter uma família feliz, coloque no mural uma imagem de uma família feliz, sorridente; se deseja um relacionamento legal com Deus, coloque a imagem de uma igreja que você gostaria de frequentar.

Olhar para essas imagens todos os dias vai te motivar a perseguir esses objetivos e, sem nem perceber, você estará na direção certa.

DEFINI MEU OBJETIVO, E AGORA?

Se eu tenho um objetivo, estou no estado atual e quero chegar no estado desejado. Para traçar essa rota, é necessário saber onde você está, seu lugar de partida. Ao reconhecer o que você tem hoje, é mais fácil entender o que falta para atingir o seu objetivo, percebe?

Por isso, vamos começar pelos seus pontos fortes e também pelos fracos. Os seus pontos fortes são todas aquelas habilidades e conhecimentos que te ajudaram a chegar até aqui. E, para sair do ponto em que está e ir além, você vai precisar descobrir quais habilidades e conhecimentos ainda estão faltando. Esses são os seus pontos fracos.

É importante identificar os pontos fracos para poder transformá-los em pontos fortes, ou seja, melhorar aquilo em que tem mais dificuldade. É preciso muita humildade e fé para reconhecer nossas fraquezas, por isso busco em Deus tudo o que eu preciso e pretendo alcançar.

Eu, por exemplo, era um leitor preguiçoso e não conseguia terminar um livro inteiro. Então, defini uma meta mais curta: ler cinco páginas por dia. Quando dei por mim, já havia lido vários livros. Metas mais curtas facilitam a conclusão da tarefa, geram satisfação e prazer para a gente querer fazer mais vezes. Imagine que o seu ponto fraco seja não conseguir programar seu dia. Para melhorar isso, você pode fazer uma agenda do dia, durante um mês, para se habituar a administrar a sua rotina.

Vamos praticar um pouco? A seguir tem um quadro no qual você vai poder listar seus pontos fortes, os fracos, e o que fazer para transformar esses pontos fracos em fortes. Já vou deixar preenchida a primeira linha para você seguir como exemplo.

MEUS PONTOS FORTES	MEUS PONTOS FRACOS	O QUE EU POSSO FAZER PARA MELHORAR
Sou inteligente	Procrastinação	Pegar uma atividade e repetir ela todo dia para que o cérebro possa adquirir conhecimento sobre continuidade e rotina. Ex.: ler 5 páginas de um livro todos os dias.

A GENTE
PRECISA SER O
PROTAGONISTA,
TOMAR UMA
ATITUDE E
FAZER O QUE
PRECISA
SER FEITO.

@LUCAPARENTELP

Quando a gente consegue ultrapassar os pontos fracos, fica cada vez mais perto do objetivo. Mas, para alcançá-lo, é preciso desenhar um **plano de ação**. E depois que já sabemos aonde queremos chegar, é o momento de descobrir o melhor caminho.

Esse plano nada mais é do que uma descrição da rota para você alcançar os seus objetivos, etapa a etapa. Por exemplo, se o seu plano é ser ciclista, você precisa: aprender a andar de bicicleta, conseguir dinheiro para comprar uma bicicleta e os equipamentos necessários, encontrar outros ciclistas que possam te dar dicas e mostrar os caminhos etc. Mas se você não tem ideia de como fazer esse plano, calma! Eu vou te ajudar.

COMO DESENHAR UM *PLANO DE AÇÃO*?

O plano de ação nada mais é do que uma forma de organizar tudo o que você precisa fazer para alcançar seus objetivos. Nele, as tarefas e as atividades são descritas passo a passo para serem cumpridas uma de cada vez. Assim que você definir seu objetivo, vai precisar desenhar o seu plano de ação. E, para isso, comece respondendo a algumas perguntas:

1. O que fazer?

2. Por que fazer?

3. Onde fazer?

4. Quando fazer?
5. Quem vai fazer?
6. Como fazer?
7. Quanto custa fazer?

Como no exemplo a seguir:

Objetivo: comprar um jogo de videogame novo!

1. **O que fazer?** Separar os jogos mais antigos que não tenho mais interesse de jogar.
2. **Por que fazer?** Porque preciso de dinheiro para o jogo novo e vou juntar esse dinheiro vendendo os jogos antigos.
3. **Onde fazer?** Na escola.
4. **Quando fazer?** No horário do intervalo.
5. **Quem vai fazer?** Eu mesmo.
6. **Como vai fazer?** Vou perguntar aos meus amigos e aos garotos das outras salas se eles têm esses jogos e se querem comprá-los.
7. **Quanto custa fazer?** Não custa nada, porque já tenho tudo de que preciso.

Vendendo os jogos, você já não vai estar de bolso vazio, mesmo que o valor ainda não seja suficiente, mas é o primeiro passo, e com essa quantia você pode fazer mais dinheiro. Lembra a mentalidade do investidor? Na prática, essas mesmas perguntas servem como guia para você construir um plano de ação para tudo o que desejar fazer.

Imagine que você tenha várias roupas que não te servem mais. Converse com sua mãe, veja se você pode transformar essas peças em dinheiro. Venda para um brechó da sua cidade, por valores mais baratos, e assim vai encontrar outra forma de juntar um pouco mais de dinheiro para o jogo.

Outra dica legal é saber o que você faz de melhor, no que você é bom, e então poderá ajudar outros e em troca receber por isso. Se é muito bom em matemática, e algum colega da classe não consegue aprender a matéria, se ofereça para ensinar em troca de um pagamento, mesmo que pequeno, porque o mais importante é você se acostumar a fazer dinheiro com o que já tem em mãos.

O que vai te levar a conquistar seus objetivos é sua vontade, seu esforço, sua decisão de não desistir. Não adianta contar com a sorte, porque a sorte chega para quem está trabalhando, se esforçando. Eu gosto bastante de uma frase que diz que "sorte é o nome que o burro dá para o esforço do sábio".

Quando a gente olha para uma pessoa de sucesso, não pode pensar que tudo aconteceu de repente. Tudo tem um começo, todas essas pessoas começaram a partir do primeiro passo. Para vencerem na vida, primeiro elas precisaram acreditar nos próprios objetivos e criar um plano de ação, mesmo que os resultados tenham sido pequenos no começo.

06

PASSO 3: EMPREENDER

Empreendedorismo é uma palavra longa e que pode até parecer complicada, mas não é. Empreender, no dicionário, significa pôr em execução, decidir realizar.[4] Assim, quando você começou a vender seus jogos antigos, as garrafas de água, as roupas que não serviam, ou quando começou a dar aulas de matemática ou violão para seus amigos que tinham dificuldade e queriam aprender, como sugeri no capítulo anterior, você já estava empreendendo. Percebe?

Para além desse significado do dicionário, empreender é fazer negócios. Toda grande empresa começou com uma pessoa dando pequenos passos para alcançar um grande sonho e, para isso, começou a empreender. As principais características de um empreendedor de sucesso são ousadia, coragem para correr riscos, determinação, proatividade, perseverança, criatividade, inovação.

Como vocês já sabem, meu pai é empreendedor, e eu queria ser como ele, então decidi empreender. Esse era o meu objetivo (passo 1), então eu criei um plano de ação com o que eu tinha de ferramentas disponíveis (passo 2) e, finalmente, comecei a empreender.

Isso tudo aconteceu no período de pandemia, e eu passava o tempo todo em casa. Então minhas ferramentas disponíveis eram limitadas, e meu público, também, mas o meu sonho era grande e eu não desistiria. Foi sempre a minha atitude que me levou à realização dos meus sonhos.

---

4 EMPREENDER. *In*: **Dicionário Houaiss**. São Paulo: Editora Objetiva, 2001. Disponível em: https://houaiss.uol.com.br/corporativo/apps/uol_www/v6-1/html/index.php#89. Acesso em: 21 set. 2023.

Eu precisava encontrar uma forma de fazer dinheiro e decidi vender bolo no meu condomínio. Comecei fazendo bolo de pacotinho, aquelas misturas já prontas. Tinha tudo lá em casa, peguei a batedeira da minha mãe e só mesmo para colocar no forno e tirar da forma foi que precisei da ajuda dela. A primeira fornada foi um sucesso!

E adivinha em qual horário eu saía para vender? Na hora do café da tarde! Eu aproveitava aquele momento em que as pessoas procuram algo gostoso para comer, e quando chegava em alguma casa para oferecer o bolo, ninguém resistia. Voltava sem nenhuma fatia... vendia tudo!

Com o dinheiro que recebia, fazia as contas de quanto eu precisaria para comprar mais ingredientes e fazer mais bolos, e assim começou meu primeiro empreendimento. Cada fatia vendida era comemorada, pois todo resultado é importante. Para ser um empreendedor é importante ter visão de longo prazo, porque as coisas não acontecem do dia para a noite, no sucesso nada é imediato. Por isso é importante comemorar cada resultado.

Separei, também, todos os brinquedos com que eu já não brincava mais e os vendi. Mais dinheiro para investir no meu negócio. E logo fiz um upgrade e passei a vender brownies. Os novos doces eram feitos com uma receita da minha avó paterna, muito boa. Com esse upgrade do negócio, ganhei meu primeiro sócio, o meu amigo Bruno Pinheiro.

Ele já gostava desse negócio de empreender e viu que eu estava conseguindo vender bem, então a gente fez um acordo de 50% para cada um. Dividíamos os custos e também o trabalho, depois os lucros, 50% para cada um. Começamos a diversificar os produtos: brownie, bolo de milho e até bolo fitness.

Ao contrário do que muitos dizem, que sociedade não dá certo, a nossa parceria vai muito bem, obrigado. Desde o começo, percebi que era bem melhor estar com ele, porque a companhia fazia o tempo passar mais rápido, deixava a gente mais produtivo e tudo ficava mais divertido.

Fizemos os cálculos de custos e de ganhos. Cada fornada custava entre 25 e 35 reais, e, com ela, ganhávamos 100 reais, ou seja, um lucro de 65 reais, que era dividido igualmente entre nós. Ampliamos o público e decidimos vender também no condomínio onde Bruno morava, muito maior e com mais moradores. A empresa aos poucos foi crescendo, fizemos embalagem personalizada, pedimos maquininha de cartão de crédito, passamos a aceitar Pix.

Eu e o Bruninho já trabalhamos juntos há mais de um ano e nunca tivemos nenhum problema. O segredo para uma sociedade que dá certo é o diálogo e o foco. Como ensina a fábula:[5]

"O burro disse ao tigre:
– A grama é azul.
O tigre respondeu:
– Não, a grama é verde.

---

5 MELLER, W. O burro, o tigre e o leão. **Sucesso Jovem**, 10 dez. 2021. Disponível em: https://sucessojovem.com.br/o-burro-o-tigre-e-o-leao-quando-argumentar-e-uma-perda-de-tempo/. Acesso em: 21 set. 2023.

A discussão aqueceu, e os dois decidiram submetê-
-la a uma arbitragem, e, para isso, apelaram ao leão, o rei da selva.

O burro começou a gritar:

– Alteza, a grama é azul?

O leão respondeu:

– Certo, a grama é azul.

O burro se apressou e continuou:

– O tigre discorda de mim!

O rei então declarou:

– O tigre será punido com cinco anos de silêncio.

O burro pulou alegremente e seguiu seu caminho, contente e repetindo:

– A grama é azul!

O tigre aceitou a punição, mas antes perguntou ao leão:

– Vossa majestade, por que me castigou? Afinal, a relva é verde.

O leão respondeu:

– Isso não tem nada a ver com a pergunta sobre se a grama é azul ou verde. O castigo é porque não é possível que uma criatura corajosa e inteligente como você perca tempo discutindo com um burro, e ainda por cima venha me incomodar com essa pergunta."

A gente perde muito tempo da nossa jornada olhando para coisas sem importância, se distraindo. Algumas vezes, o Bruno e eu tivemos opiniões diferentes, mas não perdemos o foco principal que era vender nosso produto. Um respeita a opinião do outro, e assim nós dois saímos ganhando.

NO SUCESSO
NADA É
IMEDIATO.
POR ISSO É
IMPORTANTE
COMEMORAR
CADA
RESULTADO.

@LUCAPARENTELP

Tivemos uma ideia de negócio com aquilo que sabíamos fazer e com um produto que sabíamos também que havia um público disposto a comprar. Tendo esses dois pontos certos, as possibilidades são infinitas. O que você sabe fazer e pode vender? Às vezes, não é um produto, como os bolos, mas um serviço, como aulas de violão que pode dar aos vizinhos ou aos colegas da escola. Pense nas suas habilidades, nas ferramentas que tem disponíveis, no público à sua volta, e não vai demorar para perceber do que eles precisam e o que você pode ter a oferecer.

Eu e o Bruninho, juntos, estamos fazendo o nosso negócio crescer, tomar proporções cada vez maiores, e com isso, aumentando os lucros. E, quando o seu negócio também começar a decolar, você vai se deparar com esta mesma pergunta: e agora, o que fazer com o dinheiro?

07

PASSO 4: INVESTIMENTO

Se você chegou até aqui, tenho certeza de que não vai querer gastar de uma só vez tudo o que ganhar e, assim como a mentalidade investidora das garrafinhas de água, vai querer fazer o dinheiro crescer cada vez mais. O que talvez ainda não saiba é que não só você precisa trabalhar para fazer essa quantia aumentar, mas pode colocá-la para trabalhar e aumentar sozinha também. Incrível, não é?

É assim com os investimentos. Se você coloca o seu dinheiro em alguma coisa que vai ser valorizada, ele também vai valer mais. Por exemplo, açúcar, farinha e fermento têm preço mais baixo, mas depois que alguém os transforma em bolo, passam a valer mais e são vendidos por uma quantia maior.

Então, se lá no início da minha empresa alguém tivesse investido 5 reais em troca de receber 10% dos lucros, hoje essa pessoa teria ganhado bem mais do que os 5 reais, e sem nunca ter sujado a mão ou se queimado no forno. Mas claro que nem tudo são flores. Caso a empresa não tivesse dado certo, essa pessoa teria perdido seus 5 reais. Porém acho que você já conseguiu entender a lógica por trás dos investimentos.

Meu pai a ensinou a mim e me falou sobre os seus investimentos. Eu não demorei para querer fazer os meus. Depois que comecei a empreender, eu tinha dinheiro para investir. Então decidi abrir uma conta de investimentos.

Nós não precisamos entender de todos os negócios do mundo para saber em quais investir e quais são muito arriscados. Podemos pedir ajuda no início e, aos poucos, começar a entender melhor. Eu sempre tive ajuda do meu pai ou de algum assessor, que é um profissional que trabalha em agências bancárias ou corretoras de investimentos e nos ajuda a analisar quais são as melhores opções de acordo com os nossos objetivos.

Sempre presto bastante atenção para aprender rápido com eles, e hoje já consigo fazer algumas escolhas sozinho.

O dinheiro que ganho com as vendas, deposito na minha conta bancária e, quando junto uma certa quantia, passo para a conta de investimentos. Muitas pessoas não sabem disso, mas é, sim, possível investir com valores pequenos. E, de pouco em pouco, caminhamos em direção a um grande patrimônio.

Para isso, tem uma coisa muito importante que você precisa saber: a diferença entre ativos e passivos. De uma maneira bem simples: ativo é tudo aquilo que traz dinheiro para o seu bolso, enquanto passivo é tudo aquilo que tira.

Você pode estar pensando então que tudo o que é passivo é ruim, mas não. Tanto o ativo quanto o passivo são importantes, desde que na quantidade certa. E qual é a quantidade certa? Qualquer uma, desde que os ativos sejam maiores que os passivos. Simples!

Se os seus ativos são maiores que os seus passivos, ou seja, se você ganha mais do que gasta, você tem sempre dinheiro para juntar, investir, fazer mais dinheiro. Mas se os seus ativos e os seus passivos são iguais, isso significa que você gasta tudo o que ganha, e está sempre com a conta zerada. Agora, se os seus passivos são maiores que os ativos, se você gasta mais do que ganha, então deve estar devendo para alguém!

As pessoas vão tentar complicar as finanças para você, mas se souber apenas essa regra, a de que os seus ativos precisam ser maiores que os seus passivos, então você já está no lucro e caminhando em direção a uma vida extraordinária.

Pode ser que no início você só consiga juntar um pouco de dinheiro, mas de pouco em pouco... Você já entendeu, né?

COMEÇANDO A INVESTIR

Uma das primeiras coisas que você deve fazer para começar a investir o seu dinheiro é abrir uma conta de investimento em uma agência ou corretora confiável. A partir dela, você pode comprar ações das empresas e acompanhar a valorização do dinheiro. Assim o seu dinheiro vai se multiplicar e gerar renda mesmo enquanto você estiver dormindo. Incrível, não?

Quando compramos uma ação de uma grande empresa, ela fica o tempo todo se movimentando, valorizando – ou desvalorizando. A grande sacada é não ter pressa. Você jamais deve vender uma ação por um valor menor do que o que comprou.

Investimentos precisam ser analisados com calma. Se você é jovem, adolescente ou criança, como eu, e não tem experiência, peça sempre a ajuda de alguém que a tenha e em quem você confia, para não correr riscos desnecessários. Aos poucos, você vai aprendendo como fazer para, depois, começar a fazer os investimentos sozinho. Os riscos do negócio, seja o de perder ou de ganhar, são naturais no mundo dos investimentos, mas, ainda assim, você precisa ter sempre uma assessoria, para não cair em armadilhas, falou?

Existem muitas formas de investir, com mais segurança ou com mais riscos, de acordo com o perfil de cada investidor. Se você é mais cauteloso, provavelmente prefere ganhar de pouco em pouco, mas sem correr o risco de perder, então tem o perfil **conservador**. Se você quer ganhar mais, faz investimentos de maior risco, mas corre um risco maior de perder dinheiro em uma desvalorização, você tem o perfil **arrojado**. E ainda tem o perfil **moderado**, que são aqueles que aceitam correr um pouco mais de risco, mas que também agem com cautela.[6] Existem investimentos para todos os perfis de investidores. Tudo depende do seu objetivo.

A seguir, vou apresentar alguns exemplos, mas lembre-se de pesquisar e consultar alguém antes de fazer seu primeiro investimento. Há muitas outras formas de investir e inúmeras possibilidades de investimentos, mas o intuito deste livro não é apresentar todas as alternativas e sim fornecer as ferramentas necessárias para que você possa começar. A minha intenção verdadeira é despertar você para essas possibilidades, e que, a partir desse despertar, você possa encontrar o modo de investir que mais se encaixe na sua realidade.

---

6 PERFIS de investidor: o que são e como definir o seu. **Exame**, 20 jun. 2022. Disponível em: https://exame.com/invest/btg-insights/perfis-de-investidor-o-que-sao-e-como-definir-o-seu_red-02/. Acesso em: 22 set. 2023.

Investimento mais seguro

Para investir com mais segurança, você pode optar pelo Tesouro Direto ou CDB, por exemplo.

No Tesouro Direto, você compra títulos do governo e, algum tempo depois, recebe aquele valor investido com juros. Basicamente, o governo tem uma dívida e precisa pagar, então ele lança um título do Tesouro Direto para levantar recursos, e você pode comprar parte desse título com apenas 30 reais.

No CDB, você compra um ativo do banco e recebe uma taxa de juros que chamamos de CDI. Nesse caso, você vai emprestar seu dinheiro para o banco e receber por isso. Para esse investimento você precisa de pelo menos 100 reais.

Investimentos com maior risco

Agora, se estiver disposto a correr um pouco mais de risco, você pode optar pelo mercado de ações ou pelas criptomoedas, uma espécie de dinheiro digital que tem ganhado espaço no mercado. Para esses, é sempre importante consultar a sua corretora para entender como funciona e quais são os riscos.

Hoje, existem muitas moedas virtuais, entre elas a BTC (Bitcoin) e a ETH (Ethereum), que são as duas que escolhi para fazer os meus investimentos. Independentemente da sua escolha, sempre consulte seus pais ou alguém que possa te ajudar com isso.

Você, investidor iniciante, precisa entender que são três as forças de um investimento, ou seja, há três fatores que podem fazer com que ele seja realmente bom:

1. **Aporte**: é a quantia que você vai investir, ele pode ser inicial ou mensal.
2. **Tempo**: com investimentos é necessário ter paciência, pois é o tempo que vai garantir o rendimento.
3. **Rendimento**: o quanto o seu dinheiro vai valorizar, vai render.

Partindo dessas três forças, eu não poderia deixar de falar quais são, em oposição, as três fraquezas que podem destruir os seus investimentos:

1. **A ignorância**. Lembra daquele problema do "eu já sei"? Quando você acha que sabe tudo, e não ouve os conselhos de quem já fez, pode acabar escolhendo mal onde investir o seu dinheiro.
2. **A impaciência**. Por querer comprar e vender rápido, muitas pessoas compram uma ação por um valor mais alto do que a vendem, e isso faz com que percam dinheiro.
3. **A ganância**. Por querer ter tudo, algumas pessoas correm riscos desnecessários e acabam perdendo tudo.

Atente-se às três forças, tome cuidado para não se deixar levar por essas fraquezas, então você estará pronto para se tornar um grande investidor.

CORRIDA DOS ESTUDANTES × CORRIDA DA RIQUEZA

Não é só o dinheiro que pode ser classificado entre ativo e passivo. Gosto de pensar que o meu maior ativo é o conhecimento, afinal, é ele que vai render os meus maiores ganhos! E o tempo, então? Você faz o seu tempo render ou o está perdendo? Todos esses ativos também vão contribuir para que você saia da corrida dos estudantes e entre na corrida da riqueza!

No meu caso, depois que comecei a publicar meus vídeos nas redes sociais, percebi que seguidores também podem ser vistos dessa forma, e a gente também vai conquistando essa galerinha aos poucos. Eu abri meu Instagram em 20 de julho de 2021 e, em menos de um ano, conquistei mais de 15 mil seguidores, mas comecei com o primeiro seguidor, assim como todo mundo.

Se você trabalhar só pelo dinheiro, o processo se torna doloroso, mas se trabalhar com o que gosta, todos os dias serão cheios de alegria. Precisa ser divertido, precisa ser leve. Por isso, foque todos os ativos que são importantes para você!

O que vai mudar da corrida dos estudantes para a corrida da riqueza é o destino. Você se lembra, lá no comecinho do livro, quando eu falei da corrida dos estudantes, aquele caso em que eles ganham o dinheiro e gastam o dinheiro, sem nunca sair do lugar? Quem age assim tem a mentalidade de gastador. E sabe por que essa pessoa não sai do lugar? Porque o que a diverte e o que a motiva são as coisas que ela vai fazer com o dinheiro.

Agora, imagine se o que o divertisse e motivasse também o levasse a conquistar ativos? Quem tem a mentalidade de investidor descobre prazer e divertimento naquilo que o ajuda a construir seu patrimônio, e, assim, a corrida da riqueza é o único caminho.

Eu me diverti muito com o Bruno enquanto fazíamos bolos e brownies. Aprendi muito com o assessor da agência de investimentos. Gosto muito de gravar os vídeos que publico nas redes sociais e descobri um grande prazer em me conectar com as pessoas durante as palestras. Percebe que, quando não é só pelo dinheiro, a corrida da riqueza ganha uma outra cor?

E o que é importante e divertido para você que também pode te ajudar a alcançar a corrida da riqueza? Pense nisso e, aos poucos, você vai encontrar o seu caminho, vai perceber quais são as melhores escolhas para você e vai decidir qual é o seu objetivo. Quando descobrir qual é o seu grande sonho, aos poucos vai aprender todos os pequenos passos que precisará dar para alcançá-lo.

Agora não faço mais os bolos, pois avancei, adquiri conhecimento, aprendi muitas coisas e, hoje, ensino tudo o que vou aprendendo com a prática. Tudo faz parte de um processo e, como todo processo, tem um começo, sempre mais difícil; mas com o passar dos dias, com o treino e com a prática, fica mais fácil.

Não tenho dúvida de que o melhor investimento que eu já fiz, e continuo fazendo, é em mim mesmo, buscando novos conhecimentos, correndo atrás dos meus sonhos. Invista em você, e os resultados serão extraordinários!

08

PASSO 5: ORGANIZAÇÃO FINANCEIRA

Você chegou até aqui, já tem a mentalidade certa, sabe quais são os seus objetivos, aprendeu como fazer dinheiro e como investir para multiplicá-lo. Mas ainda está faltando uma parte muito importante da sua jornada: o controle.

Talvez você pense que essa é a parte chata, mas, na verdade, é uma das mais importantes, e a grande responsável por levar muitas pessoas à falência. Lembra que eu falei que o segredo está em manter os ativos sempre maiores do que os passivos? E como saber se é esse o caso se não tiver noção dos seus ganhos e dos seus gastos?

Existem muitas formas de fazer esse controle, e não precisa ser muito complicado. Primeiro, você precisa de uma tabela para anotar todo o dinheiro que recebe no mês. Então, uma outra com todo o dinheiro que sai no mesmo mês. Depois é só subtrair para verificar se os seus ativos estão maiores que os passivos.

ENTRADAS		
DATA	**DESCRIÇÃO**	**VALOR**
01/03	Mesada	100,00
07/03	Venda de bolos	100,00
15/03	Presente da tia Maria	50,00
	...	
	TOTAL	**250,00**

SAÍDAS		
DATA	**DESCRIÇÃO**	**VALOR**
03/03	Lanche na cantina	-6,00
05/03	Ingredientes para os bolos	-34,00
22/03	Jogo	-100,00
	...	
	TOTAL	**-140,00**

ENTRADAS TOTAIS	250,00
SAÍDAS TOTAIS	140,00
ECONOMIA	110,00

Percebe como é simples?

Depois dessas tabelas, você pode criar outras para controlar o que vai fazer com o dinheiro que economizar todos os meses. Por exemplo, se você decidir investir, pode fazer uma tabela com todos os meses do ano e, ao final de cada um, atualizar o valor que tem.

E mais: você pode comparar os resultados todos os meses e acompanhar o seu dinheiro crescendo!

09

APROVEITE AS OPOR-TUNIDADES

Espero que eu tenha conseguido te explicar tudo o que aprendi nesses últimos anos. Minha curiosidade e vontade de ser como meu pai me fizeram percorrer esse caminho que eu contei para você, e esse caminho me levou longe. Me levou a pesquisar sobre empreendedorismo e a decidir empreender.

De empreendedor passei a investidor quando entendi que além de trabalhar pelo dinheiro poderia fazer o dinheiro trabalhar para mim, mesmo enquanto eu estiver dormindo. Gostei tanto de aprender esses dois assuntos que comecei a querer falar deles com todo mundo. Por isso decidi criar minha página nas redes sociais e gravar vídeos. No começo, como já contei, era muito difícil, mas como foi com tudo o que fiz até agora, com treino e persistência, fui melhorando.

Um pouquinho todos os dias, até que chegou o momento em que decidi fazer minha primeira palestra, e não foi planejada como a maioria das pessoas pensam.

Eu estava em um hotel em Guaramiranga, curtindo as férias com minha família, e vi que tinha muita gente, muita criança, e um espaço ótimo onde eu poderia dar uma palestra. Perguntei para o meu pai o que ele achava da ideia, se eu podia dar uma "aulinha" para a galera. Nessa época eu estava lendo o livro *Se vira, moleque!*, escrito pelo João Kepler,[7] pai do meu grande amigo e mentor Davi Braga, e foi exatamente isto que meu pai me falou, porque ele cuida e protege, mas não facilita: "Se vira, moleque!"

---

7 KEPLER, J. **Se vira, moleque!** São Paulo: Editora Gente, 2020.

Pensa em um moleque que se virou mesmo?

Corri aquele hotel inteiro atrás do dono. E, quando finalmente encontrei a sala dele, já tinha uma pessoa falando com ele, e eu tive que esperar meia hora. Naquela espera interminável, percebi que meia hora era muito tempo! Até que enfim chegou minha vez. Mas, na hora, não me lembrei de nada do que ensaiei para falar para ele, e falei tudo diferente, mas consegui autorização para palestrar.

Foi ali, naquele hotel, palestrando pela primeira vez, que eu consegui sentir que o meu verdadeiro propósito era impactar minha geração através do empreendedorismo. Aquele dia foi inesquecível, tudo improvisado, eu errei bastante, gaguejei um pouco, me atrapalhei, mas fui até o fim. Tive medo, tive vergonha, mas não deixei de enfrentar tudo isso e fiquei muito feliz ao ver que eu era capaz, apesar de tudo.

Sei que todo mundo tem um talento, mas muita gente ainda não enxergou qual ele é. Por isso estou aqui, para te ajudar a usar seu talento. Quero te mostrar que nunca é cedo demais!

Todos nós já nascemos com a identidade de vencedores, só falta vermos a nós mesmos como vencedores. Quanto a mim, eu encontro no empreendedorismo um caminho extraordinário para vencer.

Ser empreendedor é ser um caçador de oportunidades, um caminho no qual o primeiro passo é encontrar um problema, o segundo é achar a solução para esse problema e, por fim, aplicar a solução no problema e ver se ela realmente funciona. Se funcionar, você pode lucrar com isso!

SER
EMPREENDEDOR
É SER UM
CAÇADOR DE
OPORTUNIDADES.

@LUCAPARENTELP

O que diferencia o sucesso e a “sorte” que as pessoas têm com certeza é a ação que cada uma tomou ao longo da própria vida. Para crescer é necessário agir, começar a fazer algo novo. As pessoas que se destacam tiveram atitudes, começaram algo novo. Sabe por quê? Porque a maior artimanha de um empreendedor é tirar ideias do papel e colocá-las em ação, transformá-las em realidade.

Sei que pode parecer estranho, mas é exatamente isso que um empreendedor faz, e apesar da nossa idade, quero mostrar que você não precisa esperar pelos seus pais para estudar sobre empreendedorismo, porque, assim como este livro chegou nas suas mãos, é possível encontrar muita informação boa por aí, basta buscar!

10

↑↓
NÃO
EXISTE
SORTE
OU AZAR

Sorte é a junção de conhecimento, competência, determinação, compromisso, foco e muito trabalho, além de ficar atento para não desperdiçar oportunidades. No empreendedorismo também podemos dizer que junto com tudo isso vem a continuidade, porque não adianta fazer tudo uma vez só, é preciso repetir tudo todo dia.

Quer dizer ser obstinado... acreditar no invisível e não parar até ver seu objetivo concretizado! Para falar a verdade, galera, uma coisa só é impossível até que alguém a faça. Foi assim com a viagem espacial, por exemplo. Quantas pessoas achavam que seria impossível, até que a primeira foi feita.

Se alguém já conseguiu, eu também posso conseguir. E se ninguém fez, mas eu tive a ideia, vou colocá-la em prática. O segredo para ganhar é começar a fazer, errar, consertar, refazer, investir dinheiro, tempo e energia e acreditar que vai dar certo.

Durante a minha jornada, recebi muitas críticas, principalmente de quem estava mais perto, e tenho certeza de que isso também vai acontecer com você que deseja empreender desde cedo. Mas, assim como aconteceu comigo, você não deve se deixar intimidar, não pode desistir, não deve se importar com o que as pessoas falam, afinal, empreender não é igual para todo mundo.

Pense que sua persistência vai te levar direto para a vida dos seus sonhos.

A maioria das pessoas tem medo de arriscar, medo de tentar fazer diferente do que sempre fez, por isso não consegue sair da zona de conforto, e provavelmente nunca irá experimentar uma vida extraordinária.

Eu me lembro que, certo dia, eu e minha família estávamos no escritório do meu pai quando ele observou algo bem interessante e aproveitou esse momento para me treinar. Ele me fez perceber que todos da nossa família estávamos produzindo. Enquanto ele ganhava dinheiro, eu estudava inglês para palestrar nos Estados Unidos; Maria Cláudia, com apenas 5 anos, estava aprendendo letra cursiva antes do tempo por causa da Educação Artesanal; André Filho estava estudando para o ENEM; e minha mãe também ganhava dinheiro com a outra empresa.

Galera, eu gostei muito daquele exemplo! A família inteira estava na corrida da riqueza, porque eu e meus irmãos não estávamos fazendo dinheiro, mas adquirindo conhecimento, que também é um ativo muito importante.

Talvez você tenha pais empresários, ou não, mas pode facilmente aplicar esse conhecimento. Comece implantando tudo na sua casa; o mais importante é que, a partir do que aprendeu aqui, você já pode começar a se tornar a mudança que você quer ver dentro da sua casa.

Muita gente acha que precisa de motivação para fazer as coisas, para continuar no processo, acredita que a motivação vem de fora para dentro. Mas, quando se tem uma mentalidade que é Semente de Ouro, você se torna fonte de motivação, sua força é de dentro para fora, você começa a criar sua própria motivação e energia.

Para começar a empreender, você precisa entrar em movimento: quanto mais você estuda, quanto mais trabalha, quanto mais se move, maior será o seu resultado.

Seja você a fonte de energia dentro da sua casa! O tempo de mudar chegou!

Depois de tudo que você leu, se chegou comigo até aqui, é porque já estou diante de uma pessoa vencedora. Posso dizer isso porque a sua decisão de ler este livro até o final já é o primeiro passo em direção a uma vida extraordinária.

Neste momento, você já sabe que sua idade não é uma barreira para começar a empreender, que pode começar com o que tem em mãos e não precisa esperar pelos seus pais! Você pode ajudá-los a despertar, assim como você despertou.

Ao chegar até aqui, você também entendeu que é seu maior problema, mas também é sua maior solução. Agora, você já sabe por onde começar e já sabe que ninguém, além de você mesmo, poderá te impedir de mudar a sua vida. E posso dizer que essa sua mudança de atitude me deixa muito feliz, porque tenho certeza de que em breve vamos nos encontrar.

Quem sabe em um treinamento, em uma palestra ou em um desses caminhos por onde nossa vida e nosso futuro brilhante vai nos levar. Conte comigo, e até a próxima jornada em direção à Super Riqueza!

Este livro foi impresso
pela gráfica Rettec em
papel lux cream 70 g
em fevereiro de 2024.